30 Minutos
... Para solucionar el problema

Director de colección:
Ernesto Gore

Edición original:
Kogan Page Limited

Título original:
30 Minutes... To Solve That Problem

Traducción:
Camila Loew

Diseño de tapa:
Más Gráfica / Grupo

Maquetación de interiores:
Nuria Reverter

Michael Stevens

30 Minutos
... Para solucionar el
problema

GRANICA
BARCELONA - BUENOS AIRES - MÉXICO
SANTIAGO - MONTEVIDEO

© 1998 Michael Stevens / Kogan Page Limited
© 2001 EDICIONES GRANICA, S. A.

Balmes, 351, 1.° 2.ª - 08006 BARCELONA
Tel.: 34 93 211 21 12 - Fax: 34 93 418 46 53
E-mail: barcelona@granica.com

Lavalle 1634, 3.° - 1048 BUENOS AIRES
Tel.: 5411 4374 1456 - Fax: 5411 4373 0669
E-mail: buenosaires@granica.com

Bradley, 52, 1.°
Col. Anzures - 11590 MÉXICO D.F.
Tel: 52 5 254 4014 / Fax: 52 5 254 5997
E-mail: mexico@granica.com

Antonio Bellet, 77, 6.°
Providencia
Santiago (Chile)
Tel. - Fax: 56 2 235 0067
E-mail: santiago@granica.com

Salto, 1212
11200 Montevideo (Uruguay)
Tel.: 59 82 409 69 48
Fax: 59 82 408 29 77
E-mail: montevideo@granica.com

http://www.granica.com

Todos los derechos reservados. Ninguna parte de esta publicación
se puede reproducir, almacenar en un sistema de datos
o transmitir en ninguna forma o por ningún medio electrónico,
mediante fotocopiadora, registro o de cualquier otro modo,
a menos que se obtenga previamente el permiso escrito del editor.

ISBN: 84-7577-848-8
Depósito legal: B. 2.671-2001

Impreso en BIGSA
Sant Adrià del Besós (Barcelona - España)

ÍNDICE

Introducción 7

1. **Ver los problemas con claridad** 11
   Reconocer los problemas;
   Ver los problemas tal cual son.

2. **Definir los problemas** 21
   Problemas de mantenimiento; Problemas de
   realización; ¿Es necesario actuar?

3. **Comprender un problema** 29
   Explorar y analizar el problema; Representar un
   problema;¿Qué es una solución efectiva?

4. **Idear soluciones** 37
   Crear ideas; Técnicas para la fluidez
   y la flexibilidad; Técnicas combinadas.

5. **Trabajar en conjunto** 45
   La utilidad de los grupos; El éxito grupal;
   Brainstorming.

6. Elegir la mejor solución   53
Decidir a quién involucrar; Definir la solución ideal; Eliminar soluciones irrealizables; Evaluar las opciones viables; Determinar los riesgos; Comprometerse con una solución.

7. Conseguir que la solución se apruebe   63
Razones para oponerse; Preparar una presentación; Si su solución es rechazada.

8. Implementar una solución   71
Planificar y preparar; Implementar y controlar el plan; Revisar el resultado.

INTRODUCCIÓN

Solucionar problemas es una actividad frecuente y cotidiana: poner el coche en marcha cuando no arranca; descubrir qué llevó a un cliente a presentar una queja; elegir el mejor PC y software para usar en casa; completar una tarea difícil en un plazo corto; incluso conseguir el empleo que quiere.

Solucionar problemas significa encontrar la mejor manera de llegar con éxito desde A hasta B. No es un proceso místico que requiera habilidades especiales. Es una actividad cotidiana que todos llevamos a cabo, frecuentemente sin darnos cuenta.

Todos los días nos encontramos con alguna situación en la que es difícil obtener lo que queremos, o en la que no tenemos claro qué hacer. Tal vez tengamos muchas opciones pero no sabemos cuál escoger. Tal vez conozcamos algunas de las respuestas, o tal vez ninguna de ellas. Solucionar problemas nos ayuda a manejar la situación, al tender un puente entre cómo son las cosas y cómo nos gustaría que fueran.

Utilizamos las técnicas de solución de problemas para arreglar las cosas cuando no van bien. También las empleamos para ayudarnos a mejorar la manera en que hacemos las cosas, y para lograr cosas que nosotros, y a veces también otros, no hemos hecho nunca. Nos ayuda a aprovechar las oportunidades.

En situaciones competitivas deberíamos siempre intentar hacer mejoras. La innovación a través de la solución de problemas ayuda a las personas y a los negocios a encontrar maneras más eficientes de operar y adaptarse a cambios veloces. Alguien versado en solucionar problemas sabe adaptarse con facilidad a los cambios. Puede hacer un mejor uso de su conocimiento y sus habilidades, y generalmente obtiene mayores logros.

La solución de problemas es una habilidad que se desarrolla naturalmente a medida que vamos creciendo y aprendiendo. A menudo no vemos cómo funciona, pero está allí en el fondo ayudándonos día a día a enfrentarnos con los problemas de la vida, tanto en el trabajo como en nuestra vida personal.

Si usted comprende cómo funciona su mente mientras soluciona problemas, podrá mejorar la manera en que lo hace. Este libro lo ayudará a hacer esto. Le brindará consejos prácticos sobre cómo:

- Reconocer y vencer algunos obstáculos frecuentes en la solución de los problemas.
- Utilizar técnicas específicas para ayudar a distintos tipos de problemas;
- Generar una gama más amplia de soluciones posibles.
- Evaluar distintas soluciones para identificar la mejor de ellas.
- Asegurarse de que las soluciones sean implementadas adecuadamente.

Introducción

Algunos problemas pueden ser resueltos con una facilidad relativa, mientras que otros presentan un desafío mayor, que puede requerir un esfuerzo y una concentración prolongados. Independientemente de las circunstancias, convertirse en un mejor solucionador de problemas es beneficioso en muchos sentidos. Alguien que soluciona bien los problemas es capaz de:

- Prever ciertos problemas y tomar acciones preventivas.
- Solucionar problemas más rápido y con menos esfuerzo.
- Reducir el estrés.
- Mejorar su rendimiento laboral y sus relaciones laborales.
- Crear y aprovechar oportunidades.
- Solucionar problemas más exigentes.
- Tomar control sobre aspectos importantes de su vida.
- Ganar una mayor satisfacción personal.

Haga uso de sus habilidades naturales para solucionar problemas al emplear media hora en leer este libro. Independientemente de cuáles sean sus objetivos personales y profesionales, al aumentar su sensación de efectividad personal, seguramente podrá obtener un rápido reembolso por el esfuerzo invertido.

VER LOS PROBLEMAS CON CLARIDAD

Para solucionar los problemas efectivamente, y sacar el mayor provecho de sus habilidades, en primer lugar necesita ser consciente de un problema cuando existe, y verlo realmente tal cual es.

No todos los problemas son obvios, incluso cuando nos afectan. Tal vez no tengamos conciencia de un desacuerdo entre colegas en el trabajo, por ejemplo, pero puede afectar nuestro trabajo como parte del equipo. Por otro lado, no todos los problemas son lo que parecen. El cerebro es hábil en filtrar la información que no es esencial. Respondemos de manera automática ante muchas situaciones, confiando en apenas una pequeña cantidad de información. Por ejemplo, si recibimos un documento de cuatro páginas numeradas uno, dos, cuatro y cinco, tal vez asumamos que falta la página tres. Al revisar más de cerca, tal vez encontremos que las páginas fueron numeradas erróneamente, y que están todas allí.

Para ayudarlo a solucionar los problemas usted necesita:

- Métodos para poder reconocer los problemas; y
- maneras de asegurarse de que tiene toda la información sobre un problema.

Reconocer los problemas

Hay dos tipos básicos de problemas. Los problemas de *mantenimiento* son aquellos en los cuales la situación actual no es como debería ser. Puede ser el resultado de algo que no sucede como debería (el coche no arranca) o de algo que sucede y no debería (se cae una rueda).

El segundo tipo son los problemas de *realización*, donde la situación actual podría ser mejor, pero hay motivos por los cuales no lo es. Los problemas de realización pueden dividirse en tres grupos:

- Cuando una meta u objetivo no se ha conseguido; por ejemplo, no llegar a cumplir una tarea a tiempo.
- Cuando el objetivo podría ser superado; por ejemplo, completar ocho llamadas en una hora en lugar de las cinco obligatorias.
- Cuando existe una oportunidad; por ejemplo, encontrar una manera nueva de hacer algo que reduce a la mitad el tiempo empleado.

Es importante hacer la distinción entre los dos tipos de problemas. Esto demuestra que solucionar problemas no trata sólo de corregir las cosas cuando van mal. También nos puede ayudar a fijar metas u objetivos, de manera a mejorar nuestro rendimiento y aprovechar las oportunidades.

Ver los problemas con claridad

Los problemas no son siempre obvios o tangibles. A veces tienen poco impacto inmediato. Lo que nos parece un problema tal vez no resulte ser un problema en absoluto. Algunos problemas cambian con el tiempo, ganan o pierden importancia, o incluso desaparecen por completo. Otros aparecen de golpe, sin aviso previo, y son obvios por sus efectos.

La siguiente situación ilustra cómo se desarrollan algunos problemas. Una empresa tiene un departamento muy ocupado en procesar los pedidos, la mayoría vienen de otras empresas pequeñas. Cuando la empresa gana dos clientes importantes, el equipo no da abasto; el encargado decide contratar más empleados, pero eso lleva tiempo. El procesamiento de algunos pedidos, por lo tanto, se demora. El objetivo del departamento es procesar los pedidos a medida que llegan. Normalmente, hay suficientes empleados y horas en el día para llevar esto a cabo velozmente. Cuando los dos pedidos nuevos aumentan la cantidad de trabajo dramáticamente, el objetivo o la meta ha crecido. Un obstáculo se ha presentado e impide que el departamento logre su objetivo.

Un problema nace cuando un obstáculo impide la realización del objetivo. Los obstáculos y los objetivos pueden crecer o decrecer en tamaño. Estos cambios pueden determinar cómo es abarcado un problema, y también si se abarca. Si se verifican los cambios en los objetivos o las metas, y se identifican los obstáculos potenciales, uno puede tomar acción, ya sea para evitar que el problema ocurra, o al menos para asegurar que todos están preparados para abarcar el problema en cuanto surja.

Identificar las zonas en que los problemas pueden ocurrir, y establecer métodos para detectarlos, ayuda a reconocer los problemas con eficiencia. Llevar su coche al mecánico regularmente, por ejemplo, es una manera de saber con anterioridad cuándo tiene que reponer partes defectuosas. En el trabajo, verificar el rendimiento detecta los déficits en el logro de las metas y pautas. Observar y escuchar a los otros ayuda a detectar cambios que pueden revelar un problema subyacente.

Un enfoque sistemático también ayuda a reconocer las oportunidades para mejorar. Pregúntese si podría exceder las metas o pautas que se ha fijado, y si acaso no podría fijar nuevos objetivos.

Recuerde, es importante no apresurar conclusiones sobre problemas aparentes y sus causas posibles. Las situaciones pueden ser engañosas.

Ver los problemas tal cual son

Muchos factores ocultos pueden afectar la solución de los problemas. Algunos existen en nuestra composición psicológica (factores personales), y otros en nuestro alrededor (factores externos). En general son estos factores, más que nuestra habilidad, los que no nos permiten solucionar mejor los problemas.

Factores personales

No solemos pensar en cómo solucionamos los problemas, porque es algo que nos viene naturalmente, y pocas personas reciben instrucción especial en su resolución. Estos dos factores son una desventaja cuando se trata de solucionar problemas más complejos. Una vez que comprenda las habilidades involucradas, que se describen en este libro, podrá utilizarlas con mayor efectividad.

Ver los problemas con claridad

A medida que vamos creciendo, adquirimos maneras de pensar que pueden tergiversar nuestra visión de los problemas. Como la mente se basa solamente en información parcial para reconocer situaciones comunes, tendemos a ver lo que *esperamos* ver. Nos apresuramos a llegar a conclusiones, basadas en señales obvias, y no miramos más allá.

Otra consecuencia de basarse en información parcial es que a veces no nos damos cuenta de que un problema existe. El hecho de que una cuenta cierre, por ejemplo, no necesariamente descarta el fraude. Las oportunidades también pueden ser pasadas por alto cuando no vemos la imagen completa.

Aquí tiene algunos consejos para ayudarlo a evitar estas dificultades:

- Establezca procedimientos que llamen su atención ante problemas y oportunidades.
- No confíe en medidas únicas u obvias para clasificar un problema.
- Cuestione si tiene todos los datos pertinentes o si está asumiendo cosas.
- Sepa con claridad lo que quiere lograr, para que pueda reconocer las oportunidades cuando surjan.

Cuando solucionamos problemas, manipulamos ideas en nuestras mentes, y también podemos hablar con otra gente sobre ellas, apuntarlas en papel, y actuar. Utilizamos una gama de «lenguajes» para estas actividades, básicamente palabras y símbolos. Las ecuaciones matemáticas y químicas son ejemplos de lenguajes especializados que pueden ayudar a manipular las ideas y explicar y resolver los problemas.

No todos los problemas son mejor abordados empleando palabras. Explicar cómo llegar en coche de A a B, por ejemplo, a menudo es mucho más fácil si dibujamos la ruta o la señalamos en un plano.

Así como tal vez no comprenda a una persona que no habla su mismo idioma, puede encontrar dificultades si no sabe utilizar el lenguaje que mejor se adecua a un problema determinado. Incluso cuando comprendemos el lenguaje, tal vez no lo utilicemos. Como nos expresamos tanto con palabras, tendemos a emplearlas de manera automática, para describir y resolver problemas, incluso cuando hay una manera más sencilla.

Para evitar estas dificultades, puede intentar lo siguiente:

- Piense en qué lenguaje lo ayudará más con un problema determinado.
- Consiga ayuda si necesita utilizar un lenguaje en particular y tiene dificultades con él.
- Intente utilizar lenguajes diferentes; por ejemplo, visuales en lugar de palabras, o carteles en lugar de filas de números.

La emoción ejerce una influencia poderosa sobre los pensamientos y las acciones. La mente emplea las emociones para estimular el comportamiento que es «bueno» para nosotros, tanto física como mentalmente. Esto origina «necesidades» emocionales, como el deseo de realización, orden y autoestima. Si estas necesidades chocan con nuestra situación, tal vez sea difícil actuar de manera apropiada. Todo esto sucede inconscientemente y puede dificultar la solución de los problemas.

Es común tener miedo de hacer el ridículo ante los demás. Nos hace atenernos a lo que ya conocemos. Mucha gente teme tomar riesgos, cuando el resultado es incierto o podría ser desagradable. Como consecuencia, tendemos a fijar objetivos de fácil alcance, y a aceptar soluciones que sabemos que serán exitosas. Explorar ideas inusuales y sugerir soluciones arriesgadas es un paso importante para encontrar la mejor solución.

Evitar la ansiedad es otro obstáculo común. Para evitar volvernos ansiosos a veces evitamos los riesgos, somos indecisos ante situaciones ambiguas, y evitamos cuestionar el *status quo*. Todos estos factores tienen un efecto negativo sobre la solución de problemas.

Querer arreglar una situación o ganar reconocimiento a través del éxito puede volvernos impacientes para solucionar un problema. La impaciencia nos puede llevar a la primera solución viable y automáticamente rechazamos ideas poco frecuentes.

La emoción tiene un arraigo profundo. No es fácil de cambiar pero lo ayudará a solucionar problemas si logra intentar lo siguiente:

- Cuestione ideas y métodos existentes.
- Acepte que, si busca maneras nuevas y mejores de hacer las cosas, algunos errores son casi inevitables.
- Procure desarrollar ideas poco usuales a nivel práctico antes de enseñárselas a otras personas.
- Siga un enfoque metódico para controlar la impaciencia;
- Aborde problemas importantes dando pasos pequeños y manejables.

Factores externos

Nuestros alrededores pueden afectar nuestra manera de sentir, pensar y trabajar. El tipo de situación que favorecemos para solucionar un problema varía, según qué nos coloca en el estado de ánimo adecuado. Algunas personas prosperan en una atmósfera bulliciosa, mientras que otras prefieren un ambiente más tranquilo. El silencio puede ser más conducente a un pensamiento lógico-analítico, mientras que los alrededores vivaces nos pueden ayudar a entrar en un estado de ánimo más relajado y libre. Aprendemos de la experiencia qué condiciones nos convienen para diferentes tipos de tareas mentales.

Los estímulos externos –ruido, calor, frío, luz– afectan nuestro nivel de agilidad mental. Hasta cierto punto, esto nos ayuda a concentrarnos. Luego, nuestro pensamiento puede volverse borroso. Emociones como la frustración y el enfado también nos afectan. No existen reglas puras y duras. Usted sabe mejor qué lo pone alerta y qué lo coloca en un estado de ánimo más relajado y libre.

En el trabajo, varios factores pueden afectar cómo solucionamos los problemas. Respondemos a una serie de pautas o reglas formales e informales. Trabajamos junto a otras personas, y cada una tiene su propia manera de hacer las cosas. Tenemos que lograr objetivos y cumplir con las reglas. Si nos imponen una manera de hacer las cosas, se hace difícil encontrar maneras más eficaces de trabajar.

Algunas empresas utilizan esquemas de sugerencias porque saben que los empleados son una buena fuente de ideas para ahorrar dinero y ganarlo. Los buenos gerentes siempre están abiertos a ideas nuevas. Estimulan a la gente para desarrollar sus ideas y convertirlas en soluciones prácticas, ofreciendo crítica constructiva cuando hace falta. Recompensan a la gente por buenas ideas, con reconocimiento y encomio, y a veces con una paga extra por trabajar de manera más eficiente.

No hay mucho que pueda hacer para cambiar su ambiente de trabajo, pero sí puede intentar lo siguiente, para evitar algunos de sus efectos negativos:

▶ No asuma que las cosas tienen que hacerse de cierta manera sólo porque ha sido siempre así.

Ver los problemas con claridad

- Ocúpese de enterarse si existe algún buzón de sugerencias en su empresa.
- Si las personas siempre critican ideas nuevas, desarrolle los beneficios y un plan práctico para implementar su solución antes de sugerirla.
- Sólo porque los demás no parezcan tener interés en encontrar mejores maneras de trabajar, no asuma que no existen oportunidades para hacerlo.
- Si su trabajo no es suficientemente desafiante, fije metas personales para las que tenga que esforzarse.

Piense en sus reacciones y sus procesos mentales cuando aborda problemas, y en cómo influyen los factores externos, y utilice las técnicas sugeridas para sobreponerse a los efectos negativos.

DEFINIR LOS PROBLEMAS

Antes de intentar solucionar un problema, necesita conocer su causa, o qué es lo que quiere lograr.

La primera señal de que existe un problema es a menudo una vaga noción de que las cosas no son como deberían ser, o que podrían estar mejor. Para tratar la situación efectivamente, necesita describir o definirla como algo sobre lo cual se puede actuar. Las definiciones de los problemas varían en complejidad pero lo dirigen hacia la dirección adecuada para trabajo posterior sobre él. Éste es un paso importante, y si invierte tiempo en hacerlo adecuadamente, encontrará luego que es mucho más fácil solucionar problemas.

Para definir un problema, necesita información. El conocimiento de que existe un problema es parte de esta información. Tal vez ha notado que cuando arrastra el ratón de su PC, el cursor salta en lugar de moverse con suavidad. Esto sugiere el tipo de información posterior que necesita, y le da una idea de dónde buscarla. Tal vez necesite redefinir un problema, quizás varias veces, a medida que vaya comprendiendo la situación. Puede explorar la posibilidad de que haya polvo tapando el ratón. Si esto resulta equivocado, puede seguir adelante buscando una mala conexión.

Los problemas de mantenimiento y de realización suelen definirse de maneras diferentes, y por lo tanto primero tendrá que decidir con qué tipo de problema se enfrenta. Recuerde, los problemas de mantenimiento son el resultado de algo que no sucede como debería, o de algo que sucede y no debería. En los problemas de realización, la situación actual podría ser mejor, pero hay motivos por los cuales no lo es.

Problemas de mantenimiento

En los problemas de mantenimiento, el énfasis se coloca sobre identificar y especificar las causas posibles. En un problema de mantenimiento, hay una desviación de la norma. Comienza a definir el problema identificándolo y recordando todas las desviaciones. A partir de aquí, puede comenzar a identificar las causas posibles.

Una técnica que se utiliza para definir un problema de mantenimiento lo ayuda a analizar y definir sistemáticamente todas las circunstancias que rodean al problema. Consiste en responder a una serie de preguntas tales como:

- ¿Cuál es el problema? ¿Qué no es el problema?
- ¿Dónde está el problema? ¿Dónde no está?
- ¿Qué es lo distintivo del problema?
- ¿Quién/qué está involucrado en el problema? ¿Quién/qué no lo está?
- ¿Cuándo ocurre/ocurrió el problema? ¿Cuándo no ocurre/ocurrió?

- ¿Qué es igual/diferente cada vez que ocurre el problema?
- El problema, ¿se hace más grande/pequeño?

Las preguntas pueden ser adaptadas para que todos los datos conocidos sobre el problema sean identificados. Una vez que la situación ha sido completamente documentada, las causas posibles pueden volverse aparentes. Éstas se comprueban frente a los datos conocidos y la causa verdadera es la que llevaría precisamente a los efectos observados. Esto se parece mucho a las deducciones lógicas que realizamos automáticamente cuando pensamos en el motivo por el cual algo ha acontecido. A menudo hace falta hipotetizar otras causas posibles; puede utilizar las técnicas de generación de ideas (ver capítulo 4) en este caso.

Una vez que la causa verdadera de un problema de mantenimiento es identificada, la acción requerida puede ser obvia y directa. Un ratón defectuoso puede ser reemplazado, por ejemplo.

Problemas de realización

Los problemas de realización son definidos en términos de objetivos (qué es lo que quiere lograr), y los obstáculos interpuestos en el camino. La definición debe ser precisa, para dar una dirección clara a la búsqueda de soluciones, y, al mismo tiempo, debe identificar todas las metas posibles que contribuirían a su objetivo general. Por ejemplo, lograr varias metas separadas puede incrementar sus posibilidades de ser ascendido en el trabajo.

Los problemas de realización a menudo no tienen una sola definición «correcta», y por tanto son definidos mejor en dos etapas: primero, explorando todas las metas posibles, y luego definiendo precisamente cuáles quiere lograr. Luego los obstáculos para realizar estas metas son especificados.

Afirmaciones del tipo «¿Cómo...?» son útiles para pensar en metas y rutas alternativas para llegar a una solución. «¿Cómo incrementar mis posibilidades de ser ascendido?», por ejemplo, podría ser reformulado con «¿Cómo volverme más valioso para mi empleador?» o «¿Cómo encontrar un trabajo donde mis habilidades sean más útiles?».

También suele haber más de una manera de enfocar un problema. Lo que parece ser un solo problema puede de hecho ser un conjunto de problemas relacionados. Puede emplear algunas de las técnicas desarrolladas en el capítulo 4 para crear afirmaciones y metas alternativas al «¿Cómo...?»

Cuanto más precisa sea su definición, mayores serán sus posibilidades de encontrar una solución efectiva. «¿Cómo mejorar mi panorama laboral?» no le dice dónde buscar soluciones. Si lo definiera en términos de metas específicas, como por ejemplo «¿Cómo, en tres meses, extender el vocabulario de inglés que aprendí en la escuela para incluir terminología empresarial?», será más eficiente a la hora de solucionar el problema. Esta afirmación define su situación actual y el puente que tiene que tender.

Lo mismo es cierto para afirmaciones sobre obstáculos. Cuanto más claramente logre definirlos, más fácil será tratarlos. Hágase preguntas como:

- ¿Cuál es el obstáculo?
- ¿Cómo surge/surgió?
- ¿Cuáles son sus efectos?
- ¿Está creciendo o decreciendo?

Los obstáculos para mejorar su vocabulario del inglés podrían incluir falta de incentivo, falta de tiempo, desconoci-

Definir los problemas

miento de los cursos adecuados, falta de práctica, y la cantidad de términos empresariales que necesita aprender.

Para escribir una definición detallada del problema, primero elija las afirmaciones de «¿Cómo...?» que representen el problema más adecuadamente. Luego, para cada una, apunte las características de la situación actual y la situación deseada. Cada vez que sea posible, utilice terminología mensurable, para que sepa en qué consistirá una solución exitosa, cuándo debe ser alcanzada, y cómo evaluará su éxito. Luego, agregue los detalles de cualquier obstáculo y el modo en que le impiden alcanzar su objetivo. Esto conforma la base para su búsqueda de soluciones. Intente utilizar un ejemplo como «¿Cómo distribuir mejor mi tiempo para poder tener seis horas a la semana para...?».

A veces, sus acciones para solucionar un problema pueden afectar a otras personas. Si piensa emplear seis horas semanales en aprender una habilidad nueva, ¿implicará pasar menos tiempo junto a sus familiares y amigos? Dependiendo de la situación, podrá o bien modificar sus objetivos, o bien fijar objetivos secundarios para acomodar las necesidades de los demás. Tal vez pueda conseguir que sus amigos hagan un curso junto a usted, para ofrecerse apoyo mutuo.

Puede utilizar la siguiente lista para verificar cuán a fondo ha definido un problema:

- ¿Puedo dividir este objetivo en varias sub-metas?
- Este objetivo, ¿es la última meta para solucionar el problema?
- ¿Puedo subdividir este obstáculo?
- ¿Existen otros obstáculos relacionados?
- Este obstáculo, ¿me impide alcanzar otros objetivos?
- Esta definición, ¿toma en cuenta las necesidades de las otras personas involucradas o afectadas?

Puede utilizar las técnicas para definir los problemas de realización para definir problemas de mantenimiento una vez que conozca su causa. A veces, el proceso de definir un problema revela que no requiere acción, tal vez porque desaparecerá y no volverá a ocurrir, o porque la pérdida verdadera o la ganancia potencial es insignificante.

¿Es necesario actuar?

Los efectos de algunos problemas no son suficientemente significativos para invertir tiempo y esfuerzo en su solución. Incluso cuando lo son, como muchos objetivos y obstáculos atraviesan fases de crecer y decrecer, abordar un problema de inmediato tal vez no sea la mejor manera de actuar. Tiene cuatro opciones principales cuando encuentra un problema:

- no hacer nada; por ejemplo, cuando el problema tenderá a resolverse solo, cuando sus efectos son insignificantes, o cuando el coste de solucionarlo es mayor que las ganancias potenciales;
- controlar la situación; por ejemplo, cuando no es urgente, cuando el problema está decreciendo, cuando está inseguro de la causa, cuando necesita tiempo para planificar qué hacer, o cuando el obstáculo está decreciendo;
- enfrentarse con los efectos; por ejemplo, cuando la causa desaparecerá, cuando el coste de quitar la causa es demasiado grande, o cuando el obstáculo es inamovible;
- intentar solucionarlo de inmediato; por ejemplo, cuando el problema está creciendo, cuando tiene efectos serios, cuando el obstáculo está creciendo, o cuando tiene un plazo de tiempo inminente.

El sentido común suele decirle si necesita actuar o no. Si decide actuar, la búsqueda de soluciones implica encontrar maneras de tender un puente entre su situación actual y la que necesita para lograr su objetivo. En primera instancia, sin embargo, necesita comprender el problema en toda su magnitud.

COMPRENDER UN PROBLEMA

Algunos problemas no requieren más análisis una vez que han sido definidos. La definición de un problema de mantenimiento, por ejemplo, puede confirmar que el disco duro de su PC ha fallado. Reemplazarlo, junto con los datos que contiene, soluciona el problema. Problemas más complejos, como el PC estropeándose constantemente, requieren un análisis posterior para poder identificar cómo tender el puente entre la situación actual y la deseada. Los problemas de realización generalmente requieren la mayor parte del trabajo en esta etapa.

Antes de comenzar el trabajo detallado sobre un problema, decida si hace falta involucrar a otras personas. Esto puede implicar a personas que forman parte del problema o están afectados por él, que tienen experiencia o conocen este tipo de problema, o personas con los recursos necesarios para solucionarlo. La lista de preguntas en el capítulo 5 lo ayudará a decidir.

Explorar y analizar el problema

La información detallada forma la base para desarrollar soluciones efectivas. Debe distinguir entre datos, ideas, necesidades y opiniones, si bien todos pueden ser importantes.

El análisis de los problemas de mantenimiento puede dar lugar a una gran cantidad de información; ésta puede ser utilizada para eliminar las causas que no se atienen a los datos. A medida que elimine causas, tal vez necesite juntar más información sobre las posibilidades restantes. A través de un proceso cíclico de investigación y eliminación finalmente identificará la causa verdadera.

La definición de los problemas de realización provee claves sobre qué es relevante –las situaciones actual y deseada y los obstáculos– y dónde ir a buscar tal información. Las preguntas siguientes pueden ser útiles:

- ¿Qué información específica se necesita; por ejemplo, fechas, horas, cantidades, nombres, acciones?
- ¿Por qué se necesita esta información: para eliminar posibilidades, confirmar sospechas, identificar los recursos para solucionar el problema?
- ¿Cuáles son las fuentes de esta información?
- ¿Qué forma tomará; por ejemplo, numérica, estadística, verbal, evidencia física?
- ¿Cuán precisas y confiables son las fuentes?
- ¿Dónde puede obtenerse esta información?

Intente recolectar y documentar la información de manera sistemática. Si es necesario, verifique la fuente original y cuándo y cómo fue recolectada la información. Recuerde que los datos numéricos y estadísticos pueden ser manipulados.

Puede utilizar los métodos para representar problemas desarrollados a continuación, y las técnicas de generación de ideas del capítulo 4 para identificar la información relevante.

Representar un problema

Modelos

Un aspecto fundamental de la solución de problemas, especialmente problemas complejos, es cómo organiza y representa la información. Dos dificultades muy comunes son no ver las relaciones entre las diferentes partes de un problema, y no ver más allá de la solución más obvia. Es útil tener una representación tangible del problema, un modelo, para dar estructura a la información. Los modelos ayudan a hacer lo siguiente:

- revelar relaciones entre diferentes partes de un problema;
- iluminar carencias en la información y la comprensión;
- estimular la búsqueda de soluciones;
- comunicar el problema a otras personas;
- predecir las consecuencias probables de las acciones que usted cree que podrían solucionar el problema.

Hay muchos tipos diferentes de modelos, compuestos diversamente por palabras, gráficos, fórmulas matemáticas y símbolos, como también modelos físicos.

Varios modelos básicos se utilizan para representar problemas que tienen elementos comunes ligados por las mismas relaciones. Estos pueden ser aplicados a cualquier problema que encaje con el modelo. Los elementos comunes en la comunicación son el origen, el emisor, el mensaje, el medio y el receptor. La comunicación efectiva depende de un fluido eficiente de la información desde un extremo hasta el otro. Este modelo puede ser utilizado para analizar la comunicación en una situación particular e identificar exactamente qué sucede en cada etapa. Otros tipos de modelos se describen a continuación.

Descripciones verbales

Las palabras son la manera más simple y una de las más populares y flexibles para representar un problema, ya sea en sí mismas, o en combinación con elementos gráficos o pictóricos. La forma más fácil de crear un modelo verbal es hacer una lista con los aspectos más destacables del problema y actualizar la lista a medida que se nos vayan ocurriendo otras ideas. Los modelos verbales pueden ser manipulados, al poner las palabras en secuencias o clasificarlas en grupos, para iluminar relaciones y diferencias en la información.

Estructurar la información en modelos verbales puede ser complicado, por lo tanto es una buena idea utilizar los modelos verbales en combinación con otros tipos de modelos.

Dibujos y diagramas

Dibujar es una manera ideal de comenzar a crear algún tipo de estructura con sus ideas. Las líneas y las formas pueden representar relaciones y dar forma concreta a un problema. Los dibujos pueden sugerir relaciones nuevas, nuevas maneras de estructurar un problema y caminos nuevos hacia una solución.

Un «mapa mental» es un método para registrar ideas que estimula el pensamiento creativo. Comience por apuntar el concepto o la idea principal, y luego añada ideas a medida que se le vayan ocurriendo, representadas como ramas de este punto central. Marque cada rama para que puede provocar una rememoración de ideas asociadas, y siga añadiendo ramas hasta que haya agotado todas sus ideas.

Las ramas no se limitan a líneas rectas. Una curva puede representar fluctuación, por ejemplo, y una espiral en expansión puede ser algo que se escapa del control. No imponga las estructuras conscientemente; las relaciones surgirán a través de la asociación de ideas.

Los diagramas de cadenas, como los diagramas de fabricación (que demuestran el progreso del material a través de un proceso manufacturero), son creados de manera más lógica y demuestran en una secuencia cómo están relacionados los elementos principales de un problema. Puede mostrar las etapas en la fabricación de un producto, por ejemplo, con los materiales, la mano de obra y el tiempo invertido en cada etapa.

Puede mostrar elecciones alternativas y la influencia de eventos fortuitos para crear un diagrama en forma de árbol. Cuando los números se añaden para señalar el valor de las elecciones y la probabilidad de los eventos fortuitos, se crea un árbol de decisiones, que puede utilizar para evaluar rumbos alternativos.

Otra variante es el diagrama del árbol de defectos, que ayuda a identificar las causas de un problema. Comienza con el problema (por ejemplo, las cuentas no cierran), que se ramifica hacia las causas primarias (un error en los cálculos, datos incorrectos); éstas se subdividen luego según sus propias causas posibles (calculadora defectuosa, falta de cuidado, error en la transcripción, error en la recolección).

Los diagramas de campo de fuerzas son una herramienta analítica para representar gráficamente el equilibrio entre fuerzas opuestas, y sugerir las maneras de actuar sobre ellas. Aplicados a un problema, se traza una línea por el centro de la página para representar la situación problemática, el equilibrio actual. De un lado están las fuerzas o acciones que empujarían el equilibrio hacia la dirección requerida para lograr el objetivo. Del otro lado están las fuerzas opuestas o restrictivas que actúan en contra del cambio deseado: obstáculos que deben ser debilitados, quitados o vencidos para solucionar el problema.

El análisis del campo de fuerzas puede ser dividido en etapas sencillas:

1. Describa la situación actual.
2. Describa el objetivo o resultado deseado.
3. Describa el resultado menos deseado (un empeoramiento del problema).
4. Dibuje el diagrama básico.
5. Identifique las fuerzas motrices (las que actúan para empujar el equilibrio hacia el objetivo).
6. Identifique las fuerzas opuestas o restrictivas.
7. Añada éstas al diagrama.
8. Identifique fuerzas neutrales; éstas no están actualmente activas pero podrían convertirse en fuerzas motrices u opuestas cuando se tome alguna acción, o cuando el equilibrio sea perturbado.
9. Describa las fuerzas individuales detalladamente y evalúe su importancia o fuerza relativa.
10. Evalúe la capacidad de cambiar cada fuerza.
11. Escoja las fuerzas a cambiar.
12. Busque maneras de influir sobre estas fueras como sea necesario.

Esta técnica es útil sobre todo cuando los factores humanos son importantes, como por ejemplo en los problemas de comportamiento o cambios en las prácticas o sistemas de trabajo.

Modelos matemáticos

Los problemas que implican información cuantitativa deben ser representados en términos numéricos, aunque sólo sea para documentar los datos. Los modelos matemáticos pueden representar relaciones entre elementos de un problema y proveer un medio para manipularlos: por ejemplo, A + B = C. Construir modelos matemáticos sencillos es relativamente fácil, y algunos modelos más complejos se consiguen para PC para no-matemáticos. Estos pueden ayudar a solucionar una amplia gama de problemas al analizar una situación y predecir cómo diferentes acciones, cambios o fuerzas la afectarán. Un ejemplo es el modelo financiero con hojas de cálculo.

Utilizar un modelo adecuado para representar un problema a menudo dará alguna sugerencia sobre ideas para la solución. Otras técnicas para generar ideas se describen en el capítulo 4.

¿Qué es una solución efectiva?

Antes de desarrollar soluciones, necesita saber en qué consiste una solución efectiva. A veces habrá tanto resultados «aceptables» como «ideales», y ambos pueden ser definidos. Haga una lista detallada de lo que quiere lograr y qué factores deben ser tomados en cuenta en la solución. Comience por hacerse las siguientes preguntas:

- ¿Qué beneficios busco?
- ¿Con qué obstáculos/causas estoy tratando?
- ¿Cuáles son las limitaciones de la situación (de tiempo, espacio, gente, materiales)?
- ¿Qué será aceptable para las otras personas afectadas por el problema/la solución? ¿Para los que tienen que estar de acuerdo con la situación? ¿Para los que proveerán los recursos necesarios? ¿Para los que tienen que implementar la solución?
- ¿Cuáles son los factores de riesgo y qué nivel de riesgo es aceptable?

Algunas de estas preguntas sólo pueden ser respondidas en su totalidad después de haber ideado posibles soluciones. Estos «criterios de efectividad» dirigen su búsqueda de soluciones, y lo ayudarán a comparar luego la efectividad relativa de diferentes soluciones (vea capítulo 6). Los criterios no son inmóviles, sin embargo, ya que tal vez encuentre una solución que implica un cambio en las limitaciones. Emplear un 20 por ciento más de tiempo en algo para obtener un resultado un 50 por ciento mejor, por ejemplo, sería un cambio que vale la pena.

IDEAR SOLUCIONES

Idear soluciones puede resultar excitante. Los problemas de realización, en particular, le dan la oportunidad de usar su imaginación y explorar ideas aparentemente extravagantes para conformar la base de una solución práctica.

En esta etapa, está buscando un camino que lo lleve lo más cerca posible a la solución ideal. La ruta directa, sin embargo, no es siempre la más fácil. Justo cuando tiene algo en la punta de la lengua, y cuanto más intente recordarlo, tanto más remoto parece. Concentrarse en el resultado que desea puede hacer más difícil pensar en la solución al problema.

Crear ideas

El mejor acercamiento es crear la mayor cantidad de ideas posibles relacionadas con lograr su objetivo, y luego ponerlas a prueba para ver si le dan los resultados que quiere. De esta manera, no se limita a soluciones triviales que podrían ser mejoradas.

El análisis del problema debe haberle proveído de una gran cantidad de información e ideas posibles para trabajar. Cuestionar continuamente su punto de vista de la situación mientras busca soluciones será una fuente de inspiración para explorar todas las posibilidades. Por ejemplo, puede hacerse algunas de las preguntas siguientes:

- ¿Realmente necesito lograr este objetivo?
- ¿Podría sustituirlo por un objetivo diferente?
- ¿Podría lograr este objetivo de otra manera?
- ¿Habría alguna ventaja en posponer intentar lograr este objetivo?
- ¿Es esto realmente un obstáculo?
- ¿Puedo esquivar este obstáculo?
- ¿Puedo utilizar este obstáculo a mi favor?

A medida que construya diferentes cursos de acción posibles, puede utilizar un modelo apropiado para representar cómo cada acción contribuye al logro de su objetivo general. Los modelos también ayudan a predecir los efectos de diferentes acciones y para ver cómo interactúan. Es importante que las acciones conformen una estrategia coherente para abordar el problema. Cuando varias acciones deben seguirse consecutivamente, por ejemplo, necesita asegurarse de que juntas cumplirán cualquier limitación de tiempo, y que no hay exigencias conflictivas sobre los recursos.

Cada acción propuesta tendrá la intención de lograr un efecto en particular, pero puede también tener efectos colaterales que pueden o no ser deseados. Intente incluir en sus soluciones maneras de minimizar efectos secundarios no deseados y de acrecentar los deseados. Introducir tecnologías

Idear soluciones

nuevas para mejorar la eficiencia, por ejemplo, puede requerir un entrenamiento previo. Como consecuencia, ésta puede ser una oportunidad para reorganizar procesos y procedimientos asociados obsoletos.

Identifique todos los factores que podrían influir sobre la efectividad de su solución al hacerse estas preguntas:

- ¿Qué podría fallar?
- ¿Existen factores relacionados sobre los cuales no tengo control?
- ¿Podría cambiar este objetivo?
- ¿Podría intensificarse este obstáculo?
- ¿Podrían surgir obstáculos nuevos?
- Esta acción, ¿podría crear oportunidades nuevas que yo pudiese aprovechar simultáneamente?

Existen básicamente cinco fuentes de ideas para solucionar un problema, y debería utilizar la mayor cantidad posible de las siguientes:

- experiencia de situaciones similares en el pasado;
- deducciones lógicas de los datos;
- otras personas;
- fuentes publicadas;
- técnicas creativas de generación de ideas.

Puede ser difícil ver más allá de lo obvio, especialmente cuando se encuentra bajo presión. Puede emplear diferentes técnicas para tener una perspectiva fresca sobre la situación, y para generar ideas para soluciones. Estas técnicas funcionan al ayudarlo a combinar información o ideas de maneras que de lo contrario no consideraría. El resultado es una gran cantidad de ideas, algunas de las cuales pueden ser útiles como base para solucionar un problema.

Una regla importante al utilizar muchas de estas técnicas es no evaluar las ideas. Eso vendrá después. Juzgar si las ideas son útiles estorba el proceso de combinar información de maneras poco frecuentes y potencialmente útiles. La regla consiste en pensar de manera «divertida» y suspender intencionalmente el juicio.

Técnicas para la fluidez y la flexibilidad

Cuanta mayor cantidad de ideas produzca, más fluidos serán su pensamientos. Cuanto más amplia la gama de ideas, más flexibles sus pensamientos. La fluidez y la flexibilidad son importantes para solucionar problemas, y las siguientes técnicas ayudan a mejorar ambas cuando piensa en un problema.

Libre asociación

Con esta técnica, permite que su mente pasee sin rumbo deliberado. Se nombra el primer pensamiento que viene a la mente en respuesta a una palabra, símbolo, idea o dibujo asociado al problema, luego utiliza ese pensamiento como disparador, repitiendo el proceso velozmente una y otra vez para producir una corriente de asociaciones. Es importante evitar justificar la conexión entre las ideas sucesivas. La libre asociación sondea en lo profundo de la mente, y ayuda a descubrir relaciones remotas entre ideas. Las ideas deben ser documentadas, o bien sobre papel o bien en una cinta de audio.

Discusión

Una manera sencilla de obtener ideas adicionales sobre un problema es discutirlo con otras personas. A menudo tendrán una perspectiva diferente sobre el problema y sus implicaciones, como también diferentes valores e ideales. Incluso si no pueden contribuir ideas significativas directamente, lo que dicen puede disparar nuevas formas de pensar para usted.

Fantasear

Las fantasías a menudo son mal vistas y desalentadas como herramienta seria de pensamiento. Se considera extravagante, indulgente y poco productivo. De hecho, puede ser muy útil. Como su nombre implica, permite darse tiempo para pensar de manera juguetona, desinhibida. Es privado, con lo cual las ideas pueden ser tan estrafalarias como usted quiera. No hay riesgo, ya que sólo el pensamiento está involucrado, y no la acción. Puede involucrar sentimientos y emociones, que añaden una dimensión valiosa a sus pensamientos. Las ideas pueden ser manipuladas con velocidad y los obstáculos potenciales pueden preverse. Recompensas pueden imaginarse, y esto puede actuar como motivación. Ayuda a desarrollar planes que lo preparan para estar atento ante información y oportunidades para ayudarlo a lograr sus objetivos.

La fantasía productiva debe ser dirigida hacia una meta específica. Puede emplearla para ayudarlo a diseñar los planes para lograr sus metas.

Visualización

Pensar en un problema en términos visuales puede resultar útil para solucionar muchos problemas. Si tuviera que calcular la cantidad de alfombra requerida para cubrir una escalera, por ejemplo, probablemente le aparecería automáticamente una imagen mental de la escalera. A partir de allí, comenzaría a idear maneras de hacer el cálculo, basándose en la forma de los escalones. La elección puede no siempre ser tan obvia, pero la visualización es una manera poderosa y flexible para pensar en los problemas, y la habilidad puede ser desarrollada con la práctica.

Tómese un descanso

Cuando está atascado con un problema después de haberlo trabajado durante mucho tiempo, a menudo es productivo tomarse un descanso. Puede alcanzar una etapa en la que los pensamientos se quedan fijados sobre ciertas ideas, y «los árboles no le dejan ver el bosque». Cuando el tiempo lo permita, dejar de lado el problema por un rato puede darle una nueva perspectiva.

Listas de chinches y deseos

Éstas no son más que listas de cosas que le causan irritación o desagrado (listas de chinches), y cosas que le gustaría cambiar o lograr (listas de deseos). Son útiles y una manera divertida para buscar oportunidades para mejorar su rendimiento en el trabajo, apuntar hacia el ascenso e incrementar su nivel de satisfacción con la vida.

Técnicas combinadas

Varias técnicas requieren que se combinen objetos o ideas no relacionados, para ver si hay algún resultado nuevo y práctico. Este tipo de actividad ha llevado a la producción de una gran cantidad de elementos comerciales, tales como el banco de trabajo o la navaja de bolsillo.

Una técnica combinada son las listas de atributos; se utiliza para identificar las maneras de mejorar algo. Consiste en tres etapas:

1. Describir los atributos físicos o las características de cada componente del elemento o sistema.
2. Describir las funciones de cada componente.
3. Examinar cada componente por separado, para ver si cambiar sus atributos conllevaría una mejora en su función.

Un ejemplo es un destornillador. La sencilla versión original ha sido mejorada al añadir variaciones de todo tipo, incluyendo un filamento para detectar corriente, múltiples asas a rosca, cuchillas magnéticas y mecanismos de trinquete.

Las listas de atributos también pueden ser utilizadas para buscar zonas alternativas en las que un producto o servicio puede ser empleado, al ver las aplicaciones de atributos individuales. Los atributos de las fibras ópticas, por ejemplo, las han vuelto útiles en campos tan diversos como la telecomunicación, la medicina y la iluminación de espectáculos.

El análisis morfológico es una técnica parecida. Un método sencillo para llevar a cabo tal análisis es hacer lo siguiente:

1. Haga una lista de los parámetros de la situación.
2. Subdivida cada uno hasta sus partes más pequeñas.
3. Represente estas partes en una matriz.
4. Examine todas las combinaciones posibles de estas partes.

Una manera simple de representar cada componente es dibujar un cubo tridimensional y dividirlo en muchos cubos más pequeños. Sobre los lados del cubo, escriba un componente en cada cuadrado. Cada pequeño cubo puede representar una combinación de seis componentes diferentes. Intente utilizar el siguiente ejemplo sencillo (o uno propio). Haga una lista de varias opciones para motivar a la gente en el trabajo. En un lado, escriba los diferentes comportamientos que pueden ser premiados, uno por cuadrado. Luego haga una lista de cómo pueden ser premiados y luego cuán a menudo pueden ser premiados. Verá cómo la combinación forzada sugiere ideas que de otra forma no habría imaginado.

La mejor técnica de generación de ideas para utilizar a menudo es determinada por el tipo de problema y por lo que está intentando lograr. En situaciones donde puede elegir, la práctica le dirá qué técnicas funcionarán mejor para usted. Con práctica, estas técnicas se volverán menos mecánicas y exigirán menos tiempo.

TRABAJAR EN CONJUNTO

Muchas veces, solucionar problemas es una tarea que se lleva a cabo en ambientes grupales. Las reuniones y las discusiones informales se utilizan para sacar a la luz ideas y puntos de vista. Esto es útil para solucionar problemas donde los participantes han compartido responsabilidad o tienen algo para contribuir. A menudo, sin embargo, los ambientes grupales no son aprovechados al máximo. Cuando se utilizan adecuadamente, las reuniones grupales pueden ser la mejor manera de solucionar algunos problemas.

La utilidad de los grupos

Es importante saber cuándo trabajar en grupo y cuándo no hacerlo. La siguiente lista puede ayudarlo a decidir. Cuantas más veces responda afirmativamente a estas preguntas, más apropiado le puede resultar una solución en grupo.

- ¿Puede el problema ser definido de muchas maneras diferentes?
- ¿Se requiere información de diversas fuentes?
- ¿Es un problema especializado?
- El problema, ¿tiene impliciones para muchas personas?
- ¿Habrá muchas soluciones posibles?
- ¿Es un problema complejo con muchos aspectos diferentes?
- La solución, ¿deberá ser aprobada por otras personas?

La pregunta decisiva siempre es: las personas adecuadas y relevantes, ¿están disponibles para trabajar en conjunto sobre este problema?

El éxito grupal

Solucionar problemas puede ser complejo y frustrante. Requiere una manipulación cuidadosa de las habilidades mentales, y esto es muy susceptible a las influencias externas. Cuando las personas trabajan en conjunto, se influencian unas a otras; para lograr los mejores resultados, hay que ir con cuidado en la resolución conjunta de problemas.

Solucionar problemas en grupo tiene desventajas potencias, como también beneficios. Algunas personas que trabajan en grupo pueden sentir que la situación es competitiva. Algunos pueden ignorar las sugerencias de los demás a causa de su ansiedad por expresar sus propias ideas. Otros tal vez se quieran adherir a la mayoría. Si bien el acuerdo sobre las ideas puede ser obtenido fácilmente en ambientes grupales, los grupos también tienden a elegir y aprobar las soluciones rápidamente, sin agotar todas las posibilidades.

Las reuniones que se convocan para solucionar problemas a menudo son dirigidas ineficientemente. Tal vez no haya un líder designado para dirigir la discusión. Por el contrario, a veces un líder o presidente demasiado fuerte puede ejercer una presión inapropiada sobre los participantes. Por otro lado, todas las ideas surgidas no son siempre documentadas, más allá de las notas oficiales y los apuntes individuales.

Del lado de los beneficios, solucionar problemas en grupo puede generar una gran cantidad de ideas muy variadas. Al tomar decisiones compartidas en grupo, se estimula a los individuos para que exploren ideas que de otra forma no hubiesen tenido en cuenta, y para que desafíen las maneras aceptadas de hacer las cosas. Trabajar como grupo también puede resultar en un mayor compromiso para encontrar una solución y su implementación exitosa. La comunicación, obviamente, mejora.

Correctamente dirigida, y en las situaciones adecuadas, la solución grupal de problemas lleva hacia mejores resultados. Varios métodos han sido desarrollados para sacar el mayor provecho del trabajo grupal. Estos métodos especifican el papel de los participantes, incluyendo al líder, y los métodos utilizados por el grupo.

Los participantes deben ser seleccionados para dar al grupo una diversidad de experiencia en varias disciplinas. No es necesario que todos estén familiarizados con el área del problema. Todos los participantes deben comprender la función del grupo, y qué se espera de ellos. Los métodos empleados por el grupo deben estar diseñados para estimular la creatividad y dar una dirección a las contribuciones individuales, sin las presiones ni las limitaciones de una reunión normal.

Las habilidades involucradas en dirigir la solución grupal de problemas son diferentes de las que se emplean para presidir una reunión. El presidente de la reunión suele juzgar qué comentarios son relevantes y qué áreas vale la pena explorar. Por el contrario, el líder de la solución grupal de problemas no está allí para emitir juicios; su rol primordial es estimular y registrar las ideas. Las responsabilidades precisas de este rol pueden variar ligeramente en diferentes técnicas grupales, pero básicamente incluyen lo siguiente:

- Informar a los participantes.
- Lograr que las contribuciones sigan un ritmo fluido y rápido.
- Asegurarse de que todos contribuyan.
- Clarificar las ideas cuando haga falta.
- Asegurarse de que todos respeten las «reglas».
- Impulsar al grupo a explorar nuevos caminos.
- Registrar y exponer las ideas del grupo.

La función primordial del líder es no permitir que ningún participante se ponga a la defensiva. Todos los participantes deben sentirse libres para concentrarse en tener ideas nuevas, no en defenderlas.

Brainstorming

Brainstorming es la técnica más conocida, diseñada específicamente para resolver problemas en grupo. Fue originada en una agencia de publicidad, y sirve para generar una gran cantidad de ideas muy variadas en un lapso de tiempo relativamente breve. Esto se logra al concentrarse exclusivamente en la generación de ideas, y en crear una atmósfera despreocupada y libre.

La cantidad de personas en una sesión de *brainstorming* varía entre cinco y veinte, con una cantidad óptima de alrededor de doce. Cada persona presente contribuye con ideas, incluso el líder. Las sesiones tienen lugar en una sala alejada de las distracciones, con una pizarra para registrar las ideas. Las sesiones pueden durar hasta dos horas, pero cuanto más larga la sesión, más difícil resulta mantener el flujo de las ideas.

El rol del líder en una sesión de *brainstorming* comienza con los preparativos: lograr una comprensión completa del problema, elegir e invitar a los participantes, y darles una descripción breve del problema a solucionar. Durante la sesión, el líder estimula, contribuye y registra ideas. Es tarea del líder reforzar las cuatro reglas básicas del *brainstorming*, que son las siguientes:

- Suspender el juicio.
- Pensar libremente.
- Fertilización cruzada.
- La cantidad es buena.

Toda la energía de una sesión de *brainstorming* es dirigida hacia la producción de ideas para resolver el problema. No existe evaluación de las ideas. La sesión consiste en las siguientes cuatro etapas:

1. Definir y discutir el problema. Alguien con conocimiento de la situación describe brevemente el problema; se brinda suficiente información para que los demás comprendan el problema, pero no tanta que inhiba sus ideas para una solución. Esta etapa suele llevar unos cinco minutos.
2. Reformular el problema. Los miembros del grupo **reformulan** el problema, mirándolo desde diferentes ángulos y parafraseándolo en términos de «¿Cómo...?». El **líder** toma nota de estas reformulaciones. A lo largo de la **sesión**, todas las ideas son numeradas para poder identifi-

carlas fácilmente luego. La reformulación continúa hasta que todas las ideas sean agotadas. Esto debe resultar en, por lo menos, 25 reformulaciones, a veces muchas más.
3. Calentamiento. En esta etapa, es útil recurrir a algún ejercicio (tal como «otros usos para...») para colocar a la gente en un estado de ánimo libre. Este proceso no se registra.
4. *Brainstorming*. Una de las reformulaciones es elegida, ya sea por el líder o por votación. El líder la apunta en un papel, parafraseada como «¿De cuántas maneras podemos...?». El líder lee la reformulación en voz alta y pide ideas, apuntándolas a medida que surgen. Cuando el papel está completo, se exhibe prominentemente sobre la pared para actuar como estímulo para ideas posteriores. Cuando todas las ideas han sido agotadas, otra reformulación es elegida, lo más lejana de la primera, y el proceso se repite. Tres o cuatro reformulaciones son tratadas de esta manera.

El líder puede utilizar varios métodos para estimular al grupo, incluyendo repetir ideas a medida que las apunta, pedir variaciones sobre una idea anterior, y recurrir a impulsos como «¿a quién le importa? Juguemos con la idea», y «dime de qué manera podríamos lograr eso».

Cuando no hay más ideas, el líder pide al grupo que escoja la idea más estrafalaria de las listas y sugiera variaciones útiles. Esto se hace un par de veces antes de que el líder describa el proceso de evaluación y acabe la sesión.

La evaluación se lleva a cabo otro día, una vez que se ha compilado una lista de todas las ideas. Hay dos métodos de evaluación. Se hace o bien con un pequeño grupo de participantes de la sesión original, incluyendo al líder, o por cada participante individualmente. Utilizar ambos métodos ayuda a prevenir que ideas potencialmente útiles sean descartadas.

La lista de ideas es enviada a los participantes, y cada uno vota por una pequeña cantidad de ideas que cree que podrían ser útiles. Envían los números de esas ideas al líder, quien coteja los resultados y descarta las ideas con pocos votos. El equipo también se reúne para discutir la lista completa de ideas, utilizando criterios de efectividad (ver capítulo 3) para elegir las mejores. Las dos listas de ideas restantes son cotejadas por el líder y las ideas con mayor cantidad de votos son seleccionadas para posterior evaluación. En esta etapa, las ideas son examinadas para ver cómo podrían ser modificadas y mejoradas antes de rechazar o aceptarlas.

No todos tienen acceso a sesiones grupales de solución de problemas adecuadamente llevadas adelante. Sin embargo, todos podemos apreciar a veces la necesidad de tener una perspectiva más amplia al colaborar con otros. Si usted es consciente de los peligros latentes, puede obtener algunos de los beneficios del trabajo grupal a través de reuniones correctamente dirigidas. No todas ofrecen el mismo potencial para la generación de ideas y la fertilización cruzada, pero la experiencia y el conocimiento compartidos pueden producir beneficios.

ELEGIR LA MEJOR SOLUCIÓN

Cuando existen varias soluciones posibles, cada una con su propia combinación de beneficios y desventajas, necesita evaluarlas para poder identificar cuál es la más efectiva. Incluso con una sola solución, debe decidir si es aceptable y si lo es, tomar la decisión de implementarla.

Identificar qué solución será más efectiva para lograr su objetivo es un proceso complejo de toma de decisión. Requiere una evaluación metódica de todas las opciones frente a los requisitos exactos de su solución ideal, identificando y comparando sus valores relativos. Incluso entonces, su elección a menudo será un término medio entre necesidades conflictivas y los beneficios y desventajas de cada solución.

A veces, en diferentes medidas, valores subjetivos influyen sobre la toma de una decisión. Por ejemplo, la mayoría de la gente confía en las preferencias personales cuando escoge un destino para sus vacaciones (y esto es razonable); de manera parecida, la mayoría de la gente confía fuertemente en su experiencia pasada y en la intuición cuando se les pide que tomen una decisión inmediata. Sin embargo, estamos tan acostumbrados a utilizar nuestros propios valores subjetivos en la toma de decisiones que pueden llegar a despistarnos cuando se requiere una decisión objetiva. Por lo tanto, las opiniones y preferencias de los que están involucrados en un problema deben ser tomados en cuenta cuando se evalúan las soluciones.

La evaluación puede dividirse en seis etapas:

1. Decidir a quién involucrar.
2. Definir la solución «ideal».
3. Eliminar soluciones impracticables.
4. Evaluar opciones viables.
5. Verificar los riesgos.
6. Comprometerse con una solución.

Decidir a quién involucrar

Hay muchas situaciones en las que una solución podría ser elegida e implementada por una sola persona, sin que nadie más intervenga en el proceso. A veces puede consultar a otras personas a causa de su estima personal por ellos, o porque es políticamente correcto hacerlo. Otras veces, tal vez sea esencial: cuando no tiene la autoridad para actuar, por ejemplo, o cuando necesita información, habilidades o conocimiento de otras personas.

Obtener el compromiso de otras personas puede ser una parte integral de la solución de un problema. Las personas afectadas pueden incluir los que tienen que estar de acuerdo con la solución, convivir con ella, implementarla o proveer los recursos necesarios. En el trabajo, esto puede incluir a clientes y proveedores, como también empleados.

Una buena manera de obtener compromiso es involucrar a la gente en el mismo proceso de tomar la decisión, si bien esto puede tener desventajas. En particular, el proceso puede volverse más complicado y prolongarse. Necesita estar seguro de que involucrarlos es la mejor manera o la única posible de ayudarlo a lograr su objetivo.

Definir la solución ideal

Las soluciones ideales o aceptables que usted ha definido (ver capítulo 3) no son las adecuadas para hacer una evaluación efectiva. Cada solución puede diferir ligeramente o radicalmente en la manera de lograr sus diversas metas, como también hasta qué punto las logra. Para evaluar las soluciones efectivamente, debe construir un modelo que le permita hacer comparaciones mensurables. Considere el resultado requerido y las limitaciones para trabajar.

Resultados requeridos

Los resultados incluyen los beneficios requeridos en términos del objetivo, como también tratar efectivamente con los obstáculos/las causas y, a veces, ganar aceptación de la solución y/o sus efectos por parte de otras personas. Según su objetivo, el resultado deseado puede ser fijo (como por ejemplo aprobar un examen), o flexible (por ejemplo, obtener la calificación más alta en ese examen).

Limitaciones

Las limitaciones generalmente consisten en los límites de recursos (tiempo, espacio, dinero, materiales, gente), los resultados mínimos aceptables, y las desventajas máximas que pueden ser toleradas.

Los recursos pueden estar limitados por lo que está disponible o lo que el problema justifica. Los resultados mínimos aceptables pueden ser expresados en términos absolutos (como por ejemplo lograr el 100 por ciento de precisión en control de calidad), o términos relativos (como por ejemplo lograr el 100 por ciento de precisión, *siempre y cuando* no aumente los costes en más del 5 por ciento). Las desventajas máximas toleradas se expresan en términos de costes inaceptables en recursos y de efectos colaterales no deseados. Otros factores pueden también representar una limitación, como por ejemplo una política empresarial que determina cómo se tratan ciertos asuntos.

Aquí tiene un ejemplo sencillo de cómo se puede definir una solución ideal:

Problema: reducir los gastos de papelería, de 2.500 dólares por mes a menos de 2.000 dólares por mes en un plazo de cuatro meses.

Resultados requeridos:

- Gastos de papelería menores a 2.000 dólares por mes (una reducción del 20 por ciento).
- Prevención de derroche, mal uso y hurto de papelería.
- Un sistema administrativo sencillo.

Elegir la mejor solución

Limitaciones:

- La meta debe ser alcanzada en un máximo de cuatro meses.
- No habrá tiempo administrativo mayor al nivel actual, una vez que la meta haya sido alcanzada.
- No habrá cambio de proveedor.
- Una reducción de los costes del 12 por ciento será aceptable inicialmente.
- Una estrategia evidentemente «policial» no será aceptable.

Hay varias maneras diferentes de lograr una solución ideal; cada una implica diferentes beneficios y desventajas. Una manera de lograr un ahorro, por ejemplo, podría ser distribuir la papelería regular y controladamente; el riesgo sería que a veces las personas se quedarían sin elementos esenciales. Otra solución podría ser que cada persona diera cuenta de sus costes de papelería, pero esto sería visto como mezquino e implicaría más trabajo burocrático.

A menudo es difícil elegir entre soluciones que presentan diferentes desventajas, ya que los resultados requieren a diferentes niveles. Por ejemplo, ¿sería mejor prevenir completamente el despilfarro de papelería, y aceptar que esto requerirá administración compleja, o lograr reducir el despilfarro utilizando un sistema más sencillo? Cada resultado debe ser evaluado según su valor relativo. Esto se hace eligiendo el resultado más importante, dándole un valor arbitrario (por ejemplo, cinco), y luego evaluando todos los otros criterios según éste. En el ejemplo de la papelería, la sencillez en la administración puede recibir un valor de cinco, mientras la reducción en los gastos recibe un cuatro. Las desventajas se califican de manera similar, pero con valores negativos según su gravedad negativa.

Cuando el resultado de un camino es incierto, necesita hacer una estimación de las probabilidades de lo que sucederá. La probabilidad se expresa como una cifra entre cero y uno, donde cero es ninguna probabilidad y uno es certeza total. La probabilidad de encontrar clientes nuevos a través de un *mailing*, por ejemplo, puede ser de 0,01 (un cliente nuevo por cada 100 cartas enviadas), y a través de una visita personal 0,14 (14 clientes nuevos cada 100 visitas). Las probabilidades también deben calcularse donde los costes y los efectos colaterales son inciertos.

Las decisiones no siempre se toman eligiendo la combinación óptima de resultados. En lugar de ello, las siguientes estrategias puede emplearse en ciertas situaciones:

- Elegir cualquier solución que logra un conjunto mínimo de requerimientos. Este enfoque puede ser utilizado cuando no hay tiempo o información suficiente para una evaluación detallada o completa.

- Dar preferencia a un criterio de evaluación en particular; por ejemplo, emplear a la persona con los mejores modales telefónicos. Esto puede ser utilizado cuando un criterio tiene significancia especial y no hay tiempo o información suficiente para una evaluación completa.

- Dar preferencia a soluciones con desventajas mínimas relativas a un criterio determinado; por ejemplo, comprar la marca de coche que tiene la depreciación anual más baja.

Cuando esté preparado para comenzar a evaluar las soluciones, puede emplear las siguientes tres etapas para reducir el tiempo requerido para la evaluación.

Eliminar soluciones irrealizables

Examine una por una cada solución y rechace las que no cumplen con las limitaciones identificadas, como por ejemplo el coste financiero o el plazo de tiempo. Apunte las razones del rechazo, para que pueda volver a ellas luego. A veces puede modificar una solución que de lo contrario sería inaceptable para que cumpla con las limitaciones y pueda seguir siendo evaluada. Al elegir unas vacaciones, por ejemplo, podrá encontrar una empresa de viajes alternativa que ofrezca las mismas vacaciones a un precio más asequible.

Evaluar las opciones viables

Examine cada una de las soluciones restantes para ver hasta qué punto brindan los resultados requeridos. El mejor ajuste para cada resultado recibe un valor arbitrario (por ejemplo, cinco) y los demás se valoran relativos a esta pauta. Al elegir sus vacaciones, puede haber evaluado la posibilidad de esquiar como cinco en importancia. Una empresa ofrece esquiar como parte del paquete y entonces usted le da a este paquete en particular un cinco, según esta pauta.

A medida que evalúa cada solución, puede registrar los resultados en un cuadro. El valor de cada solución para cada resultado deseado es hallado al multiplicar su ajuste por el valor relativo de cada resultado. El paquete de vacaciones obtendría un valor de 25 (cinco por cinco) en la pauta del esquí.

Las desventajas también se evalúan y reciben un valor negativo. El paquete de vacaciones podría tener un valor bajo en actividad nocturna (menos tres), a la que usted dio una prioridad de cuatro. Entonces, esa opción recibe un menos 12 (menos tres por cuatro) en vida nocturna.

La «mejor» solución es la que recibe la mejor calificación colectiva cuando todos los resultados y desventajas han sido evaluados.

Antes de seguir a la etapa siguiente, verifique que su evaluación es precisa y que no ha omitido ningún factor relevante.

Determinar los riesgos

La solución elegida en esta etapa ofrece el mejor balance de beneficios frente a desventajas. Ahora necesita examinar los riesgos posibles asociados con esta solución. ¿Son aceptables y podrían ser minimizados?

Para determinar los riesgos necesita saber qué podría fallar, cuán probable es que esto suceda, y cuán graves serían los efectos. Los riesgos probablemente surjan de utilizar información inadecuada durante el desarrollo y la evaluación de las soluciones, y durante la implementación.

Si sospecha que alguna parte de la información utilizada es poco confiable, debería verificarla. Si se confirman sus sospechas, tendrá que decidir cómo influirá esto sobre las probabilidades de éxito de la solución. Por ejemplo, una empresa puede haber calculado que la productividad aumentaría en un 15 por ciento después de la instalación de nuevas maquinarias. Un repaso de las cifras señala que esto se aproxima más al 8 por ciento. La compra, ¿sigue siendo viable, dado el limitado aumento de productividad?

Debería considerar también qué podría suceder si la implementación de una solución no sale como la planificó. Por ejemplo, ¿cuáles serían los efectos de factores externos, las personas involucradas, el compromiso con los recursos o un fallo en los plazos de tiempo? A veces es necesario hacer un borrador para la implementación (ver capítulo 8) antes de determinar los riesgos potenciales; por ejemplo, en términos de cumplir con los límites de tiempo.

Para cada riesgo que identifica, habrá que calcular la probabilidad de un resultado no deseado, y la gravedad de sus efectos. Luego, si es posible, tendrá que incorporar a su solución maneras de minimizar estos riesgos.

Si los riesgos son inaceptables, y no pueden ser reducidos adaptando la solución, tendrá que descartar esa solución y comprobar la que le sigue en puntaje. Continúe con este proceso hasta que encuentre la solución con mejor puntaje que contemple riesgos aceptables.

Comprometerse con una solución

Finalmente, tome la decisión de implementar la solución elegida. El problema permanecerá irresuelto hasta que usted se comprometa con la acción. Al mismo tiempo, podrá necesitar (o querer) conseguir aprobación para la implementación de la solución; este proceso es desarrollado en el capítulo 7.

CONSEGUIR QUE LA SOLUCIÓN SE APRUEBE

Una vez que ha elegido la solución, podrá necesitar la colaboración, aprobación o autorización de otras personas antes de que pueda implementarla. Con problemas rutinarios, donde la gente comprende lo que está en juego, simplemente podrá contarles su decisión. Con problemas complejos y poco frecuentes, donde se requieren cambios importantes o un uso extensivo de los recursos, tendrá que ofrecer una presentación detallada de su solución. Para llevar esto a cabo efectivamente, es imprescindible tanto comprender las razones por las cuales los demás puedan estar en desacuerdo con su solución (y posiblemente rechazarla), como presentar esa solución de una manera que estimule su aceptación.

Si usted ha involucrado a las personas relevantes para encontrar y evaluar soluciones, tal vez ya tenga su aprobación y compromiso, pero las personas involucradas en la solución aún necesitarán los detalles del plan para la implementación. Esto se describe en el capítulo 8, pero también forma parte de su presentación de la solución para que sea aprobada.

Razones para oponerse

Usted debe identificar todas los aspectos de oposición posible a su solución. Tenga en cuenta lo siguiente:

- cómo la solución podría afectar negativamente a las personas involucradas;
- qué esperan o necesitan de la solución y qué les brindará;
- sus sentimientos sobre la naturaleza del problema y la solución propuesta por usted;
- su relación con usted, y la imagen que tienen de usted;
- qué requiere la solución por parte de ellos.

No importa cuán buena sea una solución; la manera de presentarla a las personas involucradas o afectadas puede determinar su éxito o fracaso. Hay muchos motivos por los cuales alguien puede oponerse, y no todas estás directamente relacionadas con las ideas y las acciones implicadas.

Las personas examinarán una solución más de cerca cuando las afecta en mayor medida, o cuando conocen el problema o algunos aspectos de la solución. Pequeñas diferencias de opinión pueden hacer que se opongan a su solución, a menos que usted explique sus razonamientos con claridad.

La falta de interés por el problema puede crear oposición de personas que sienten que usted las está haciendo perder el tiempo al involucrarlas. La falta de conocimiento de los aspectos problemáticos también pueden crear oposición; las personas necesitan información suficiente para comprender tanto el problema como la solución.

Las necesidades y las esperanzas de otras personas pueden influir sobre su reacción a la propuesta si, por ejemplo, desafía su autoridad o genera trabajo adicional para ellos. Algunas personas u organizaciones se resisten al cambio. Una solución que implica un cambio considerable puede, por lo tanto, encontrar fuerte oposición, incluso cuando es buena y está bien presentada. Para sobreponerse a la resistencia, deberá poner énfasis sobre los beneficios de la solución, y demostrar cómo pueden ser logrados en la práctica.

Muchas personas sospechan en seguida de soluciones que son altamente innovadoras, o que otorgan grandes beneficios por medio de un método sencillo que parece demasiado bueno para ser verdad. Un razonamiento claro junto con evidencia para apoyarlo debería ser suficiente para vencer esto.

Puede generar oposición el hecho de no presentar su solución adecuadamente. Deberá asegurarse de demostrar que los beneficios superan a las desventajas, que ha pensado en los efectos colaterales y los riesgos, y de brindar información adecuada, transmitida con efectividad. Una solución inoportuna puede también encontrar oposición; por ejemplo, puede considerarse una falta de tacto proponer una solución que requiera empleados adicionales justo después de que haya habido despidos en la empresa.

Su relación con los que conforman el público de su presentación, y lo que ellos sienten sobre usted, puede tener una influencia significativa sobre su respuesta. Estos factores son complejos y pueden haberse desarrollado durante un largo período de tiempo. En algún momento del pasado remoto tal vez usted haya rechazado o criticado las ideas de otra persona. Cuando le toca escuchar las ideas de usted, esa persona puede aún estar resentida. Un gerente joven y entusiasta, aficionado a las últimas técnicas, puede encontrar oposición por parte de un gerente mayor y tradicional, que resiente la actitud progresista.

Conseguir que la solución sea aceptada (nunca intente vender una solución mala) es cuestión de comunicación persuasiva. La preparación es la clave para el éxito. Explore los motivos posibles para la oposición al analizar el problema, su solución y las personas involucradas y afectadas. Una vez que conozca los motivos probables de oposición, puede incluir respuestas a estas objeciones dentro de su presentación. Encontrará que la mayoría pueden ser evitadas o vencidas con un poco de sentido común.

Preparar una presentación

Puede presentar su solución oralmente o en un informe escrito, según la situación. Si puede elegir, una reunión le da la oportunidad de recibir respuestas inmediatas, y para responder persuasivamente a las dudas u objeciones. Un informe permite un mayor control de las palabras que utiliza y los efectos que tienen. La mayoría de las soluciones que requieren cambios importantes o un uso extensivo de los recursos supondrán informes escritos en alguna etapa.

Para maximizar las probabilidades de éxito, debe hacer lo siguiente:

- A la oposición e incorpore medidas para responder a ella en su presentación.
- Permita a las personas explicar sus objeciones, de lo contrario dará la impresión de que está intentando pasar por alto los fallos de su presentación.
- Involucre a otras personas: explique de qué manera la solución las afectará, o cómo participarán en la implementación.
- Apele a los intereses individuales de la gente, explicite desde el comienzo cómo se podrán beneficiar de su solución.

- Justifique los recursos que desea utilizar; ofrezca datos firmes sobre las compensaciones de la inversión.
- Muestre entusiasmo por su solución; puede ser contagioso.
- Esté preparado para hacer concesiones, especialmente cuando las personas esperan negociar.
- Elija un momento oportuno para su presentación, cuando las personas están menos propensas a estar distraídas por otros problemas, vacaciones inminentes, o la hora de la pausa.

La manera de presentar la información es fundamental para el éxito. Apunte a hacer su presentación lo más clara, sencilla y puntual que el tema permita. Querrá que todos comprendan fácilmente. Cuando los asuntos son complejos, concéntrese en los puntos clave. Deje los puntos más complicados para una discusión posterior, o inclúyalos en un apéndice al informe. Informe a la gente que esto es lo que tiene la intención de hacer.

En las presentaciones orales, el orden en el que presenta las ideas es particularmente importante. Si revela su solución desde el comienzo, por ejemplo, la gente podrá prever las desventajas y presentar objeciones antes de que usted tenga la oportunidad de explicar cómo piensa manejar la situación. Las primeras impresiones son difíciles de cambiar. Los siguientes pasos lo ayudarán a estructurar su presentación con claridad:

- Explicite el objetivo general de la solución del problema.
- Describa las limitaciones de la situación.
- Describa brevemente todos los resultados requeridos y su importancia relativa.

- Escriba los parámetros utilizados para evaluar las soluciones y su importancia relativa.
- Exponga la opción elegida, explicando por qué es la mejor solución, y describa los riesgos asociados que ha identificado.
- Explique cómo se implementará la solución.
- Exponga cómo los resultados serán identificados y evaluados.

Muchas personas se ponen ansiosas cuando tienen que hacer presentaciones orales, pero esto puede solucionarse con una preparación meticulosa y un ensayo previo.

Los informes orales varían desde un esquema de un folio hasta un gran volumen de 100 o más páginas, pero nunca deberían contener información innecesaria. El contenido, la estructura, el estilo de la redacción y el formato deberían apuntar, en conjunto, a hacer que la información sea comprensiva, al proporcionar un argumento persuasivo.

Busque consejos en alguno de los varios libros disponibles que ayudan a hacer presentaciones efectivas y a escribir buenos informes.

Si su solución es rechazada

No es infrecuente que las ideas sean rechazadas, especialmente cuando son innovadoras, implican un cambio importante o requieren un uso extensivo de los recursos. Si su idea es rechazada, tiene algunas opciones:

1. Verifique que su idea ha sido presentada con efectividad; si no, tal vez valga la pena volver a presentarla, si tiene la oportunidad.

Conseguir que la solución se apruebe

2. Considere si puede presentar la idea a otra persona que pueda autorizar su aceptación, o busque conquistar a alguien que pueda beneficiar más de la solución y pueda ejercer presión sobre los que toman las decisiones.
3. Mejore la solución para que pueda resistir a las objeciones y luego vuelva a presentarla.
4. Busque otra solución, teniendo en mente las razones por las cuales su primera solución fue rechazada.

Intentar lograr que una solución sea aceptada puede ser frustrante y difícil. Esto es verdad especialmente cuando invade el territorio de otro, o cuando no existen parámetros para medir el resultado probable. Si cree firmemente en su idea, persevere. A menudo dará sus frutos.

IMPLEMENTAR UNA SOLUCIÓN

Hay tres etapas en la resolución final del problema:

1. Planificar y prepararse para actuar.
2. Implementar y controlar el plan.
3. Examinar el resultado.

Con muchos problemas, este proceso requiere prestar atención meticulosa a los detalles.

Planificar y preparar

Cuanto más importante el problema, o cuanto más complejas las acciones requeridas para solucionarlo, tanto más necesitará planificar y preparar. En primer lugar, deberá diseñar un plan de acción que muestre las acciones requeridas, sus plazos de tiempo y los recursos que se necesitan. Luego tendrá que hacer arreglos para que los recursos necesarios estén disponibles cuando haga falta, incluyendo a las personas involucradas.

Un plan de acción

A menos que el problema sea simple o rutinario, deberá diseñar un plan de acción detallado para la implementación de la solución. Esto implica identificar y registrar sistemáticamente las acciones requeridas, sus plazos de tiempo, los recursos requeridos, el método que seguirá la implementación, la administración de las acciones y la verificación del plan.

Para especificar lo que hay que hacer y los resultados esperados, siga estos pasos:

1. Explicite su objetivo general.
2. Haga una lista de las metas individuales en el orden en el que deben ser alcanzadas para llegar al objetivo;
3. Identifique las acciones requeridas para lograr cada meta, determine la secuencia en la que deben ser llevadas a cabo, y regístrelas al lado de cada meta;
4. Defina, en términos mensurables, en qué consistirá un resultado exitoso para cada acción y añada los detalles al plan.

El orden de las acciones es determinado por varios factores. A veces es necesario completar una acción o un conjunto de acciones antes de poder comenzar otra, como cuando sienta los fundamentos antes de construir un muro. Las acciones también deben seguirse consecutivamente cuando cada una emplea la misma fuente de capacidad (por ejemplo, dos muros separados y sólo una capa de ladrillos).

Es sabio utilizar un diagrama para representar la secuencia de acciones y cómo contribuyen al objetivo general. Esto ayu-

Implementar una solución

da a mostrar cómo las acciones interactúan y a revelar zonas de conflicto posible. Las acciones deben encajar unas con otras lo mejor posible, para prevenir el desgaste de los recursos, permitiendo un margen para cualquier tipo de exceso. Para esto, prepare un cronograma para las acciones.

Primero, identifique el tiempo requerido para completar cada acción. Al representar esta información en un diagrama, podrá ver claramente en qué etapa cada acción comenzará y acabará, y determinar el tiempo total requerido para lograr el objetivo. Los planes simples pueden ser representados en un cuadro de doble entrada en el que las barras horizontales muestren la secuencia y la duración de las actividades. Planes más complejos requieren una estructura más flexible, como un diagrama de flujo u organigrama (ver capítulo 3). Un diagrama ayuda a organizar las acciones de una manera que consiga el mejor empleo del tiempo y los demás recursos. Por ejemplo, si dos acciones requieren cada una dos días de uso de una máquina excavadora, que puede alquilarse sólo semanalmente, las acciones deberán programarse para la misma semana.

Cuando se completa, el diagrama también muestra qué acciones deben ser indefectiblemente cumplidas a tiempo (por ejemplo, un terreno inundado debe ser drenado antes de que venga la excavadora), y cómo un retraso o ahorro de tiempo en completar una acción afectará a todas las demás (por ejemplo, el mal clima puede retrasar el comienzo de una acción, y tener un efecto dominó).

No subestime el tiempo que llevará completar una acción. Tenga en cuenta los retrasos y obstáculos imprevistos.

Recursos requeridos

Los recursos incluyen a las personas, el dinero, los materiales, el espacio y la información, como también el tiempo. Considere cada recurso por separado en relación a todas las acciones requeridas.

Tiempo: la importancia del tiempo es fácilmente pasada por alto. ¿De quién se requiere tiempo? Este tiempo, ¿será empleado en horario de trabajo o cuando las personas estén normalmente disponibles?

Personas: los recursos humanos se requieren tanto dentro como fuera de una empresa. Los amigos y familiares pueden estar involucrados en resolver situaciones personales. Considere a cuántas personas requerirá. ¿Qué habilidades, cualidades y conocimiento se necesitan? ¿Estarán disponibles durante todo el tiempo requerido? ¿Que información y entrenamiento necesitarán para poder llevar a cabo sus tareas eficientemente?

Dinero: defina los recursos financieros requeridos, de la siguiente manera:

- Cantidad y forma de pago: efectivo, cheque, divisas extranjeras.
- La fuente: banco, ganancias, gobierno local.
- Si su uso será compatible con la fuente, por ejemplo, en el caso de una financiación para el desarrollo de una empresa.
- Si deberá ser reembolsado, y cuándo.
- Si será recuperado, de qué manera y cuándo, por ejemplo, a través de ahorros en los costes.
- Si habrá gastos adicionales, tales como intereses o gastos de tramitación.
- Si los costes de todos los otros recursos han sido incluidos.

Implementar una solución

Materiales: estos pueden caer en una serie de categorías, que incluyen consumibles, materia bruta y maquinaria (todos para uso permanente o temporal). Deberá definir lo siguiente:

- ¿Qué tipo de materiales se necesitan?
- Si hace falta maquinaria, ¿cómo será financiada (por ejemplo, un alquiler o un préstamo)?
- ¿Cuáles son las especificaciones, incluyendo calidad y tamaño?
- ¿Qué nivel de desgaste es probable que haya?
- ¿Qué cantidades se requieren?
- ¿Harán falta transporte y manipulación (humana y mecánica)?

Espacio: deberá tener en cuenta las siguientes preguntas:

- ¿Cuánto espacio y en dónde?
- El espacio, ¿deberá ser de un tipo particular (por ejemplo, cubierto, o con comodidades), o con unas dimensiones específicas?
- ¿Cuándo hará falta el espacio, y por cuánto tiempo?

Información: ésta podrá formar parte de los recursos humanos (por ejemplo, los consejos o las habilidades de un experto), o podrá ser un elemento tal como una lista de distribución alquilada. Deberá tomar decisiones sobre lo siguiente:

- ¿Qué información específica se necesita?
- ¿Está disponible dentro de la empresa o habrá que traerla desde fuera?
- ¿Dónde exactamente está disponible?
- ¿Dónde y cuándo será requerida?
- ¿Por cuánto tiempo será requerida?

No subestime los recursos requeridos. Una falta podría alterar la implementación o provocar graves consecuencias, como tener que pagar a un consultor para no hacer nada mientras esperan la instalación de un equipo. A veces tendrá que adaptar su plan de acción para acomodarse a la disponibilidad de los recursos.

Luego, diseñe una agenda de recursos mostrando cómo y cuándo serán solicitados, y por quién, cuándo y dónde serán enviados o puestos a disposición y, cuando sea relevante, por cuánto tiempo serán requeridos. Permita tiempo suficiente entre el encargo y la fecha de entrega requerida.

Mantener el rumbo

Ya ha considerado las zonas de riesgo y posibles efectos colaterales cuando construyó y evaluó su solución. Adaptó la solución para minimizar las consecuencias adversas. Ahora necesita identificar todo lo que podría llegar a fallar durante la implementación, e idear medidas en contra.

Hay ciertos factores en cualquier plan de acción que lo hacen más susceptible a que algo falle. Para identificar estos factores, y para proveerse de maneras de tratar con ellos, examine su plan paso a paso, de la siguiente manera:

Existe alguna zona donde, por ejemplo:

- Los tiempos son cruciales, y un plazo puede perderse si hay una demora.
- Dos o más actividades coinciden, y podrían interferir una con otra.
- Se depende fuertemente de la cooperación y los esfuerzos de la gente, y es crucial que actúen como se requiere de ellos.

Implementar una solución

- ¿Factores externos podrían afectar las acciones requeridas (como por ejemplo el clima), o la efectividad de los resultados (por ejemplo, un cambio en la popularidad del producto)?

Debe analizar y evaluar las consecuencias. En primer lugar, defina los efectos probables si algo fallara, y luego decida cuál es la probabilidad (baja, media o alta) de que esto suceda.

- Encuentre maneras de localizar los problemas lo antes posible.
- Piense en medidas o bien para prevenir la causa, o bien para minimizar sus efectos.
- Incorpore las maneras de prever los problemas y las medidas contra ellos a su plan.

Esto suena complicado, pero es básicamente sentido común. Sólo se puede dar el lujo de omitir consecuencias adversas con una probabilidad baja. De lo contrario corre el riesgo de poner en peligro el resto del plan.

Dominar las acciones

Deberá especificar de qué manera controlará y verificará la implementación. Las personas tienen que ser guiadas y administradas, su progreso debe ser medido a intervalos específicos, y debe tomar acción para corregir cualquier variación del plan. Los siguientes pasos ayudan a especificar cómo dominar la implementación:

1. Identifique las acciones que requieren supervisión y control sobre la práctica.

2. Identifique los puntos en los que el progreso será medido; por ejemplo, al completar metas individuales o en fases críticas.
3. Especifique exactamente qué resultados se esperan en estas etapas.
4. Especifique cómo y por quién serán medidos los resultados. Especifique en su plan acciones que se tomarán para corregir cualquier deficiencia en los resultados.

Las etapas identificadas para medir el progreso son, de hecho, los plazos para alcanzar resultados específicos. Exprésalos como un momento específico o una fecha en la agenda general. Por otro lado, propóngase controlar la solución una vez que haya sido implementada, para que cualquier consecuencia imprevista que surja en un plazo más largo pueda ser detectada.

Finalmente, deberá verificar su plan. Representa una etapa crítica en asegurar la implementación eficiente y deberá ser precisa y meticulosa.

Fijar los recursos

Una vez que tenga conocimiento de todos los recursos requeridos, y que haya diseñado un plan detallado y meticuloso, hacer arreglos para que los recursos estén disponibles a la hora y en el lugar indicados es un asunto relativamente sencillo. Incluye la selección, la sesión informativa y el entrenamiento de las personas involucradas en la implementación.

Cada persona, elegida por sus habilidades, cualidades o conocimientos, necesitará un plan claro de lo que tiene que hacer, los resultados que se esperan de ellos y sus responsabilidades. Una sesión informativa suele ser el paso final antes de implementar un plan. Como con cualquier otro tipo de comunicación, debe ser planificada y llevada a cabo cuidadosamente. A veces, las personas requerirán entrenamiento especial para cumplir su rol.

Implementar y controlar el plan

Una vez que la acción ha comenzado, supervisar y controlar la actividad asegura que las personas llevan a cabo sus tareas eficientemente, y permite que la acción correctiva se imponga si hay alguna desviación del plan.

Tomar acción correctiva puede significar implementar una contra-medida apropiada que haya sido incorporada al plan, o actuar según una medida no planificada para sobreponerse al problema imprevisto. Si se ha perdido tiempo en completar una actividad, por ejemplo, otras actividades tendrán que ser completadas más rápidamente que lo planificado para poder cumplir con los plazos. Los problemas menores que probablemente no sean recurrentes tal vez no necesiten ninguna acción.

Los fallos importantes en el plan pueden querer decir que hay que abandonar la implementación, si ninguna acción correctiva apropiada es posible.

Revisar el resultado

Cuando el plan haya sido completado y la solución implementada, debería analizar y medir su éxito. Esto le dirá cuán efectiva ha sido la solución y cuán útil será para resolver problemas semejantes en el futuro. Puede tomar acción adicional si es necesario y también aprender de sus errores.

Para medir el éxito, simplemente se compara el resultado de las acciones tomadas con lo que intentaba lograr. A veces tendrá que medir los resultados regularmente, a lo largo de un período de tiempo para ver si los resultados iniciales se mantienen.

Acción adicional puede ser deseable si los resultados iniciales no pueden mantenerse sin intervención, o si las reglas del juego han cambiado y los resultados ya no responden a las metas nuevas. Para decidir qué tipo de acción adicional se requiere, deberá definir los objetivos nuevos como también cualquier obstáculo asociado; esto puede producir un problema nuevo para que usted solucione, y por lo tanto el proceso cíclico vuelve a comenzar.